Jonathan David Moreno Pardo

Projeto Urbano La Capuchina

AF209872

Jonathan David Moreno Pardo

Projeto Urbano La Capuchina

O projeto urbano como alternativa para a recuperação de um fragmento central como a Capuchina

ScienciaScripts

Imprint

Any brand names and product names mentioned in this book are subject to trademark, brand or patent protection and are trademarks or registered trademarks of their respective holders. The use of brand names, product names, common names, trade names, product descriptions etc. even without a particular marking in this work is in no way to be construed to mean that such names may be regarded as unrestricted in respect of trademark and brand protection legislation and could thus be used by anyone.

Cover image: www.ingimage.com

This book is a translation from the original published under ISBN 978-620-3-58527-8.

Publisher:
Sciencia Scripts
is a trademark of
Dodo Books Indian Ocean Ltd. and OmniScriptum S.R.L publishing group

120 High Road, East Finchley, London, N2 9ED, United Kingdom
Str. Armeneasca 28/1, office 1, Chisinau MD-2012, Republic of Moldova, Europe
Managing Directors: Ieva Konstantinova, Victoria Ursu
info@omniscriptum.com

Printed at: see last page
ISBN: 978-620-3-62647-6

Tabela de Conteúdos

Resumo

Desde os anos oitenta no contexto internacional, a revitalização tem sido tratada nos centros urbanos como um instrumento necessário para inverter as consequências da deterioração de uma cidade, através de mecanismos que enfrentam a modificação da paisagem urbana, preservando e reabilitando o centro histórico, com a necessidade de surgir para as áreas centrais das cidades onde estão envolvidas actividades económicas, sociais e culturais.

Actualmente na localidade de Santafé, UPZ Nieves, foram desenvolvidos planos parciais e estratégias territoriais para a revitalização do centro tradicional, que identificam algumas áreas que carecem de intervenções abrangentes para conter a expansão de Bogotá através da sustentabilidade no uso e densificação do solo urbano, segregação espacial associada e recuperação de espaços e infra-estruturas que a área constituiu como eixo fundamental para a incorporação de privados, públicos e residenciais.

É importante notar que a intervenção do sector barrió las Nieves em Bogotá, centra-se na prática do urbanismo através da melhoria do ambiente público que se propõe reactivar os espaços e equipamentos públicos como um bem colectivo e herança de cidadania. Comunidade através do plano de desenvolvimento humano Bogotá que propõe a revitalização do Centro Alargado.

A intenção do presente trabalho é a intervenção de uma parte essencial, seleccionando um fragmento da cidade numa escala intermédia, a fim de formular uma estratégia de revitalização, que integre os instrumentos de planeamento urbano e arquitectónico para transformar uma cidade construída através de espaços urbanos.

Palavras-chave: Urbanismo, Património, Revitalização Urbana, Áreas de Acção e Transportes.

Introdução

Na vida quotidiana, interagimos dentro de uma cidade com diferentes tipos de espaços públicos como um elemento que acompanha um projeto e a sua forma, respondendo à articulação das diferentes escalas urbanas, desenvolvendo um elemento articulador entre as diferentes instalações e serviços de um lugar, quer para os seus habitantes residentes, quer para aqueles que a eles se dirigem para satisfazer as suas necessidades.

Dentro dos planos e estruturas que desenvolvem e organizam a cidade elevada até hoje na cidade de Bogotá, pode-se identificar que tem como objectivos a reactivação, remodelação e melhoria das três estruturas de conformação e em áreas de desempenho económico, histórico e social da cidade, actualmente situa-se no centro da cidade, dentro dos diferentes eixos de formação, articulação e ligação várias lacunas que estão actualmente em abandono e desuso, entrando em deterioração para uma área central da cidade que por sua vez gera bolsas de insegurança, falta de bem-estar social e económico.

Deve entender-se que o crescimento histórico da capital tem sido desacelerado e invasivo para o sul, oeste e norte da cidade, deixando o centro e norte como funcionalidade de equipamentos e serviços chamados sectores residuais para a população, o que trouxe consigo um problema de distâncias, transformação físico-espacial.

É por isso que qualquer habitante de uma grande cidade ainda em desenvolvimento e planeamento deve compreender o conceito de cidade como um ambiente urbano compacto, uma vez que o homem é a chave para a organização urbana e onde deve ser abastecido com necessidades básicas para os residentes de uma localidade, mas enquanto se compreende a criação e o crescimento da cidade deve ser tido em conta da mesma forma que a incorporação de serviços, equipamentos e espaços urbanos deve gerar conforto.

No âmbito do projecto de intervenção, as limitações à propriedade privada, a falta de espaços públicos e áreas verdes, o uso do solo urbano actual e historicamente, mas também deve ser tido em conta que é um eixo central que organiza e actua urbanisticamente um fragmento de cidade do qual se pode derivar usos partilháveis, este

4

programa de acção de planeamento urbano tem de ter definido as magnitudes mínimas que devem cumprir cada uma das acções de função em diferentes usos, para elevar uma estratégia de cidade compacta.

Problema de investigação

Problema

A deterioração e abandono das áreas centrais tradicionais e o crescimento acelerado dos terrenos urbanos na cidade de Bogotá são problemas causados pela mudança do uso e vocação originais dos terrenos urbanos, sendo necessário o desenvolvimento de infra-estruturas para os bairros populares no sentido da construção e manutenção de cidades compactas através de uma estrutura sustentável.

A segregação na Barrio la Capuchina é gerada pela construção excessiva de terrenos e pelo zoneamento injusto e desarticulação do espaço público, espaços recreativos, transporte veicular privado e negligência por áreas ecológicas perdendo a identidade do sector.

É necessário enfrentar os diferentes problemas num local transformado através de uma renovação urbana que constitua os Planos Parciais existentes no nó estratégico central, fornecendo as estruturas de mobilidade, funcionais, de serviços e de inclusão do cidadão.

Pergunta de investigação

Através de que estratégias podemos gerar uma revitalização num fragmento de um sector que se deteriorou no bairro da Capuchina, na cidade de Bogotá?

Hipótese

O projecto urbano é constituído na estratégia que inclui diferentes formas de actuação para retribuir os sectores urbanos deteriorados, favorecendo o desenvolvimento urbano, a qualidade ambiental e a valorização económica.

6

Justificação

O Plano de Gestão Territorial de Bogotá, tem Planos Estratégicos de Operações propostos para reforçar as áreas da cidade com maior actividade económica do sector público, através de directrizes que ordenam o território da cidade em áreas específicas que contribuem para o desenvolvimento de Bogotá. Segundo a Câmara Municipal de Bogotá, através do Decreto 190 de 2004, as Operações Estratégicas definem o desenvolvimento das políticas do POT e da sua componente urbana, através da ligação do Planeamento Distrital da Capital ao Sistema de Planeamento Regional, procurando controlar a expansão urbana em Bogotá no centro e rede de centralidades, os processos de desconcentração urbana e desenvolvimento sustentável do território rural, para garantir o equilíbrio e equidade territorial para o benefício social.

Plano 1: Plano de Operações Estratégicas.

Fonte: Google Images.

As centralidades são as áreas espaciais e funcionais concebidas para incentivar actividades económicas e serviços da cidade a partir de vários empreendimentos urbanos que visarão consolidar, desenvolver, prestar serviços em áreas residenciais, renovar, dentro delas podemos encontrar a Centralidade da Integração Internacional e Nacional (envolvendo as áreas de Usaquen - Santa Barbara, Calle 72 - Calle 100, Centro (Centro Histórico - Centro Internacional), Salitre - Zona Industrial, Fontibon - Aeroporto El Dorado - Engativa, e novo Eixo de Centralidade das planícies de integração / Novo Usme); que formula o reforço e posicionamento do centro como um nó internacional,

nacional e regional, a protecção da cultura e a promoção da renovação urbana.

O Plano de Gestão Territorial, de forma integral e interdependente, contribui para o território urbano, de expansão e rural do distrito as três estruturas sobrepostas e interdependentes: a estrutura ecológica principal, a estrutura funcional dos serviços e a estrutura sócio-económica e especial. Este último é de especial interesse para o objecto que nos convoca, pois é conformado pelo centro e pela rede de centralidades que concentram actividades económicas e serviços envolvidos nas Operações Estratégicas do Distrito da Capital.

Verificando as três principais operações que integram a zona internacional, nacional e regional da cidade, escolhe-se o Plano de Revitalização do Centro Tradicional, que emprega um princípio predominante; a diversidade e a multiescalaridade como acção entre a cidade e os micro-territórios associados para manter e promover o aumento da diversidade da população, usos e actividades. Este sector historicamente reconhecido e entendido como um eixo central de transformação do traçado urbano e visando a humanização do urbanismo, a estratégia de intervenção é proposta a partir de uma faixa de revitalização por peças de renovação urbana encadeadas, que irão gerir e implementar em alianças com proprietários.

8

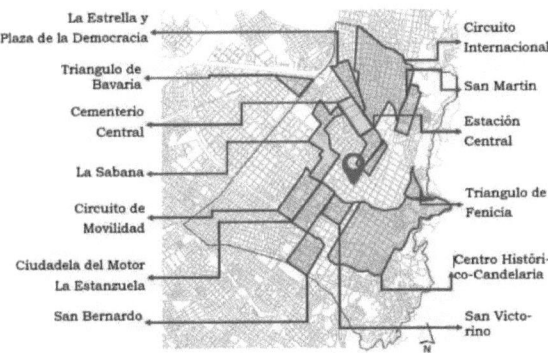

Plano 2: Centro de Plano Zonal, Planos Parciais.
Fonte: Mapas Bogotá

A ERU (Empresa de Renovación Urbana) deu prioridade a seis territórios do centro; Fronteira da Avenida Comuneros, parte do bairro La Alameda onde irá desenvolver a Estação Central de Trasmilenio, Plano Especial San Juan de Dios, Avenida Jimenez e a Igreja de Voto Nacional, onde serão desenvolvidos projectos e programas de ordem social, económica e urbana para melhorar as condições actuais dos residentes e utilizadores dos sectores através da sustentabilidade no uso do solo urbano superando a segregação sócio-espacial do centro.

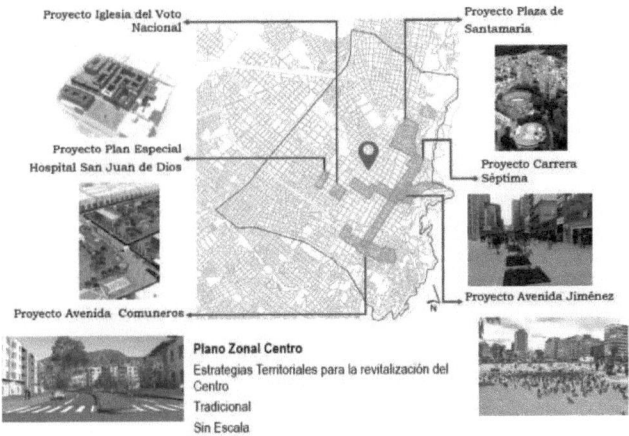

Plano 3: Plano Zonal do Centro, Estratégias Territoriais.
Fonte: Mapas Bogotá

A nossa área de acção procura ser parte de uma renovação proposta para a melhoria do desenvolvimento urbano do sector, através da articulação de dois fragmentos

9

que até agora geram limites e vazios de serviços e espaços públicos, para ter alguma variedade são necessários locais onde o sector está localizado, a utilização, forma e significados nos quais a cidade pode ser lida pela população, o apoio mútuo entre as actividades de utilização primária do sector como habitação ou locais de trabalho apoiam a requalificação de grandes lojas e pequenas empresas que alimentam o fluxo pedestre.

O Centro Expandido está ligado a uma infra-estrutura de mobilidade, na qual está ligado à escala regional, nacional e internacional, devido à sua proximidade com as estradas de acesso à cidade. A estratégia de integração espacial e de mobilidade sustentável procura consolidar a estrutura do espaço público como elemento articulador do território, permitindo a coexistência, promovendo um sentido de propriedade, bem como reforçando a economia e a imagem do Centro Tradicional.

A população deslocada em Bogotá tem uma proporção semelhante de mulheres e homens. De acordo com os registos da UAID, as mulheres são a maioria, representando 52,7% da população. 48% da população feminina são chefes de família, o que as coloca numa situação de maior vulnerabilidade dado que, para além de assegurar a protecção dos membros da unidade familiar, devem também ser responsáveis pelo seu apoio económico. Outro factor de vulnerabilidade no quadro da população deslocada é que a maioria deles são jovens, enquanto os grupos étnicos predominantes entre os deslocados são mestiços; ou seja, de sociedades urbanas e/ou rurais que não encontraram estabilidade económica nas suas cidades e migram para a capital na esperança de melhorar as suas oportunidades.

Para a Localidade de Santa Fe é possível identificar que 3.040 pessoas em condição de incapacidade correspondente a 2,8% da população total, das quais estão com doença geral 1.234 habitantes, por acidente 417 pessoas, por alteração genética 162 pessoas e outras causas 118 habitantes, estas estão localizadas principalmente nos bairros das cruzes, no consolo e nas praias.

A localidade de Santa Fe tem 35.151 habitações, que representam 1,8% do total de Bogotá. 7,1% (1.366) dos edifícios da localidade são habitações, as unidades de planeamento zonal que concentram mais habitações são: Lourdes 33,1%, las cruces 20,5%, las nieves 18,3%, la macarena 14,6%, sagrado corazón 8,8% e zona rural de santa fe 4,9%. A falta de habitação para as pessoas deslocadas que vêm para a localidade estão inclinadas a viver em condições inadequadas que caracterizam os problemas sociais, muitos destes edifícios são utilizados sob a forma de cortiços, afectando a vida de grupos étnicos e pessoas em condições de deslocação.

Nos recenseamentos internos, os deslocados carecem de protecção do Estado, nos grandes centros urbanos como Bogotá levariam muito mais tempo a aceder à ajuda humanitária, estes habitantes têm uma proporção semelhante de mulheres e homens, enquanto os habitantes de rua preferem as localidades a dormir são Los Martyrs, com 37% seguidos por Santa Fé com 23%, estas áreas caracterizadas pelo seu uso predominante do comércio e turismo e por sua vez têm uma elevada produção de resíduos sólidos e locais de venda de substâncias psicoactivas. (Estudo realizado pela Universidade Nacional da Colômbia).

Na problemática dos estudos da Prostituição, em que a situação em que vivem as prostitutas que permanecem presas em instalações, sofrendo muitas vezes maus tratos físicos e psicológicos e violação dos seus direitos, este facto social permite ver as desvantagens socioeconómicas em que as mulheres e os homens associados a este comércio podem viver na zona centro é contada com 14.211 mulheres que exercem a prostituição localizadas em 1.Este problema está ligado às várias necessidades básicas que faltam à população, ao conflito armado que desloca estes grupos populacionais para as cidades, à pobreza, ao desemprego, à falta de oportunidades, à violência social e intra-familiar, à desintegração familiar, ao abuso sexual, à toxicodependência, ao alcoolismo, entre outros.

De acordo com a verificação dos problemas existentes no Centro Tradicional é determinado como o local de intervenção o Bairro La Capuchina, localizado entre a Calle 13 e a Calle 19 e a Carrera 10 com a Carrera 14 na cidade de Bogotá DC.

Ser um conector para a melhoria das infra-estruturas urbanas, através da organização e densificação das principais centralidades propostas nos Planos Parciais da Cidade.

Objectivos

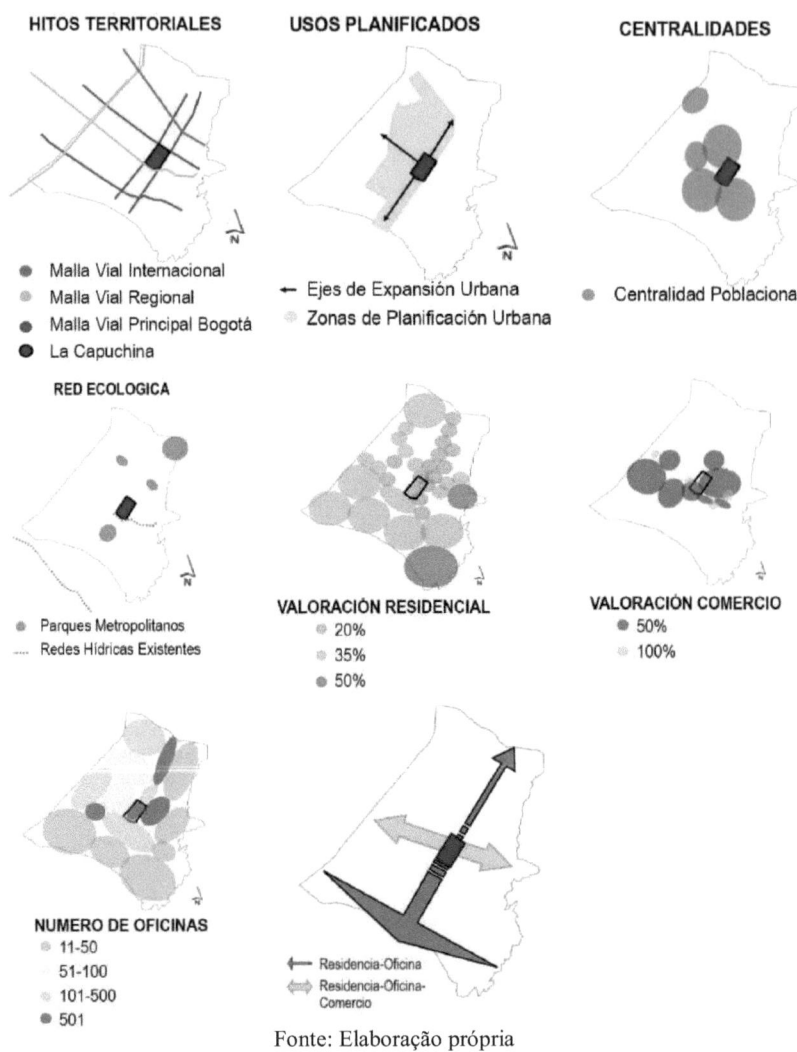

Fonte: Elaboração própria

Plano 4: Estratégias e relações da área de intervenção.

Objectivo Geral

Revitalizar a paisagem urbana do Barrio la Capuchina em Bogotá, devido ao abandono e deterioração física gerada pelo desuso dos edifícios e da rede viária, a partir de um projecto urbano destinado a melhorar e consolidar as funções urbanas e patrimoniais.

Objectivos específicos

- Criar nós estratégicos de equipamento, ligados ao espaço público e áreas habitacionais através de perímetros de optimização do uso do solo, favorecendo edifícios com uma intensidade de construção controlada em altura.

- Gerar proximidade entre áreas habitacionais, instalações e espaços para transporte público, tentando minimizar a deslocação adaptando o espaço público.

- Promover a diversidade da população, usos e actividades do sector, reutilizando espaços em desuso, deterioração e abandono, como eixo de acção entre a cidade e o micro-território.

Quadro histórico

O assentamento no centro da cidade destacou-se desde 1.538 na localidade de Santafé por ser influente na construção de ranchos rústicos, de estilo espanhol e casas coloniais. O bairro de Las Neves desde a segunda metade do século XIX foi constituído como um ambiente urbano correspondente a uma estrutura sócio-cultural de Bogotá, porque no sector foi identificado que a maioria das casas eram de uso misto (comércio e residência) sem serviços públicos e ruas inadequadas, tornando as condições de vida da população residente precárias.

Actualmente têm-se verificado mudanças e transformações que se distinguem em alguns locais devido a circunstâncias particulares dentro da localidade, grande parte da deterioração física, social e ambiental pode ser observada nos espaços públicos pela presença de um elevado fluxo pedestre e veicular, segundo estudos da Secretaria de Mobilidade (2009), pode verificar-se que os acessos veiculares se encontram em 36% em mau estado e 28% em estado regular, em comparação com o acesso pedestre que está ligado à elevada influência da actividade comercial (de acordo com a UAECD, Bogotá D.C. 2002-2012). Dentro dos eixos veiculares mais influentes, existem edifícios de baixa altura com deterioração física devido ao abandono, enquanto os edifícios de alta altura diminuíram devido à mudança discriminatória do uso do solo e à deslocação das principais actividades económicas e financeiras do centro da cidade para as novas áreas designadas nos Planos de Operação Territorial de Bogotá.

O abandono e deterioração do espaço público existente, tais como calçadas, avenidas, separadores, fontes de água e parques são afectados por várias contaminações entre as quais podemos destacar os resíduos sólidos, fixando a publicidade em áreas não destinadas a esta utilização, estes como muitos problemas óbvios foram geridos pelo funcionamento estratégico do Centro que foi criado pelo Presidente da Câmara de Bogotá, este Centro de Plano Zonal, que tem como objectivo mitigar as áreas afectadas, consolidando critérios e orientações para o ordenamento do território relacionados com infra-estruturas, espaço público, equipamentos, usos e tratamentos do sector e onde a Capuchina permaneceu como um lugar que não foi tido em conta por estes planos, programas e estratégias de recuperação e onde hoje vale a pena voltar a vê-la como um

14

lugar com potencial histórico, social e económico que gera alternativas no centro da cidade.

A intenção do projecto urbano é dar um outro olhar ao património e não apenas em monumentos específicos, se não levar a cabo a revitalização integral do espaço público existente, onde não são definidos apenas pequenos projectos que se instalam no território, se não que consolidem um sistema que hoje é incipiente para gerar valorização do património, ambiental e social que pode ser dado em diferentes espaços que têm sido experiência para a comunidade da zona. Nas áreas onde se concentra a investigação apresentada, não existem espaços arquitectónicos e urbanos consolidados.

A função determinante destes estudos relativamente ao equilíbrio entre os espaços naturais e estruturais e a comunidade será potenciada através da valorização histórica, sentido para a actividade social, apropriação e adaptação urbana do sector e das diferentes estruturas de usos de modo a que estes sejam funcionais às necessidades apresentadas na zona. Gabel Jan (2006). A humanização do espaço urbano. Editorial Reverte S.A, Barcelona, Espanha "Projectar edifícios em relação a dimensões humanas relevantes é crucial: até onde se pode caminhar a partir de um determinado ponto, o quanto se pode ver e experimentar. Complexos de edifícios densos e baixos...." (p. 95).

O emblemático da localidade pode reflectir-se nas avaliações patrimoniais e reconhecimentos dos lugares, eventos, espaços de desenho urbano representativos e significativos para o residente, visitante ou interessado. A seguir encontramos o anexo DOFA (Fraquezas, Oportunidades, Pontos Fortes e Ameaças) investigado dentro do sector para intervir. (Centro zonal do Plano de Bogotá. Documento de Apoio Técnico. Instituto de Estudos Urbanos).

Em 1578, os componentes urbanos acentuaram a planimetria de Santa Fé pouco antes do fim do mandato espanhol. Estes componentes eram duas avenidas completamente novas que receberam o nome de Alameda Vieja e Alameda nueva, assim chamadas porque queriam imitar a Avenida de Lima, ambas a partir da Plazuela de San Victorino para o norte da cidade.

15

A Alameda Vieja hoje Carrera 13, estendida até à Calle 26 da actual nomenclatura. Esta Alameda daria uma entrada correspondente à Capital do Reino e serviria de recreio e alívio ao público.

Bogotá tem um passeio na Alameda, largo, plano e bastante recto, nos seus lados há árvores, cerejas, salgueiros e anciãos, aos domingos era muito concorrido embora fosse mais frequentado por jovens elegantes, que montavam os seus cavalos todas as tardes.

A Alameda Nueva surgiu da necessidade de dar uma apresentação decorosa ao caminho para Fontibón, que começou na praça de San Victorino. A Alameda Vieja destacou-se pela sua identificação dos blocos extremos do lado ocidental da cidade, e a Alameda Nueva foi colocada ao longo das estradas norte-sul do sector sudoeste da zona urbana.

Quadro legal.

O planeamento urbano de Bogotá está actualmente disperso e desordenadamente influenciado pela mudança de governos que renovam e repensam planos e estratégias. Tomamos os dois últimos governos como um estudo do planeamento da cidade que Bogotá tem; no governo do antigo presidente da câmara Gustavo Petro procurou impedir a expansão da cidade através do plano do centro expandido que promoveu as Centralidades gerando o crescimento da cidade para cima (Decreto 190 de 2004, Centro Expandido. Centralidades definidas e empregos por km2) A cidade compacta proposta para Bogotá densifica o terreno em 70% sem limite de altura, sem ter em conta os determinantes naturais, as infra-estruturas rodoviárias e os serviços existentes, a inclusão dos estratos sociais é outra das estratégias do plano que não poderiam ser aumentados de forma desproporcionada, deve ser pensada no acesso económico individual dos habitantes e nas consequências que recaem sobre eles, tais como hábitos culturais, sociais, de segurança, entre outros; estas são características desfavoráveis no processo de densificação da cidade que podem ser melhoradas ou aumentadas.

Enquanto o actual presidente da câmara, Enrique Peñalosa invalidou imediatamente este decreto para iniciar urbanizações em terrenos na periferia urbana, os seus argumentos são influenciados pelo êxodo de construtores e cidadãos que encontram terrenos mais baratos nos municípios, mas dentro do Projecto de Plano de Desenvolvimento Bogotá 2016-2019 levantado pelo presidente da câmara pode ser identificado que a área metropolitana crescerá 60.O seu crescimento concentrar-se-á nas áreas da periferia ocidental, sul e norte da cidade, esta última onde se propõe urbanizar 18.600 hectares da Reserva Florestal Van der Hammen, onde serão implementados alojamentos dos estratos 3, 4 e 5.

Concluindo estas duas últimas experiências de planeamento urbano dentro de Bogotá, deve ter-se em conta que a cidade já não corresponde a uma influência nacional mas também tem influência internacional, o seu crescimento urbano não deve expandir-se para a periferia da mesma, pelo que se propõe urbanizar as áreas metropolitanas se se conseguir resolver estas mesmas urbanizações levantadas estrategicamente nas centralidades urbanas já existentes, tendo em conta que existem sectores, os edifícios em estado de abandono e/ou deteriorados, deveriam elevar um processo de revitalização e crescimento em altura, mas não como os propostos por Gustavo Petro, levariam o crescimento em altura que, por sua vez, deveria ser limitado tendo em conta os seus determinantes físico-naturais e, em vez de intervir nas zonas periféricas, é tomada a iniciativa de melhorar as infra-estruturas de mobilidade e as infra-estruturas dos serviços públicos internos.

É importante especificar que o projecto de intervenção foi realizado com os regulamentos da Lei 388 de 1997, POT.

Decreto 190 de 2004, Decreto Distrital 215 de 2005, Plano Director do Espaço Público, Desenvolvimento de instrumentos de planeamento, gestão urbana e regulação do mercado de terrenos para a região. Política de Mobilidade. Política de prestação de serviços públicos domiciliários. Distribuição de encargos e benefícios. Instrumentos de gestão de terrenos. Planos parciais. Massiris Cabeza, Ángel. ()

Decreto 492 de 2007, que adopta a Operação Estratégica do Centro de Bogotá, o Plano Zonal do Centro -PZCB- e os Arquivos Normativos das Unidades de Planeamento Zonal -UPZ- 91 Sagrado Corazón, 92 La Macarena, 93 Las Nieves, 94 La Candelaria, 95 Las Cruces e 101 Teusaquillo.

Acordo número 489 de 12 de Junho de 2012, que adopta o plano de desenvolvimento económico, social, ambiental e de obras públicas para Bogotá D.C. 2012-2016. Bogotá humano

Decreto 448 de 2014, através do qual é regulamentada a política de incentivos à geração de projectos de renovação urbana que promovem a protecção dos proprietários e habitantes originais e a sua ligação a tais projectos e são emitidas outras disposições.

Teórico - Enquadramento Conceptual

A cidade deve ser um local de encontro, convivência e socialização de pessoas, onde as experiências mais importantes do ser humano são desenvolvidas através dos

18

projectos mais pequenos, tais como o edifício ou a habitação para o maior como plano de desenvolvimento territorial.

Operações estratégicas, macro projectos, intervenções urbanas priorizadas, planos urbanos e outros instrumentos através dos quais há anos que se formula e implementa visões urbanas, através de objectivos e estratégias territoriais que permitem localizar e distribuir actividades espaciais aproveitando a gestão do território e os recursos naturais para melhorar o desenvolvimento económico e social dentro da cidade, têm uma história e metodologias de desenvolvimento urbano mais consolidadas. É de notar que os planos estratégicos geram uma unidade de gestão funcional maior que os planos urbanos e territoriais, que incluem aspectos económicos e sociais sem ter uma influência directa na utilização física do espaço.

A fim de intervir num processo eficiente da cidade, são reconhecidos os limites da área afectada, a intervenção sobre o património construído, Construir en lo Construido, Francisco de García, P. 184, "uma vez que a arquitectura da cidade é de facto uma teoria geral da cidade aplicável ao centro histórico, uma vez que este texto se baseia precisamente na análise da cidade histórica". 184 , "dado que a arquitectura da cidade é de facto uma teoria geral da cidade aplicável ao centro histórico, uma vez que este texto se baseia precisamente na análise da cidade histórica", são desenvolvidas três estruturas que fornecem um diagnóstico geral do processo que deve ser intervindo nos sectores consolidados e não consolidados, permitindo focalizar o desenvolvimento da proposta; A estrutura ecológica principal, a estrutura funcional e de serviços e a estrutura sócio-económica e espacial. O primeiro é um apoio natural e ecológico da cidade, o segundo permite o funcionamento da cidade garantindo áreas com actividades económicas, serviços, equipamentos, espaços públicos e residenciais à população para satisfazer as suas necessidades e o terceiro concentra-se nas actividades económicas e de serviços, vulgarmente conhecidas como centralidades urbanas.

As centralidades urbanas, entendidas como concentração de actividades públicas, são os elementos fundamentais das dimensões socioculturais do espaço urbano, estando dependentes do equilíbrio ou da equidade para a melhoria da qualidade de vida urbana através do funcionalismo das actividades sociais e das áreas de influência e culturalismo do espaço público, Secretário Distrital da Câmara Municipal de Bogotá (2015), classificado pelos planos de integração, internacional, nacional, regional e urbano. Os lugares centrais introduzem conceitos-chave para o seu desenvolvimento urbano; a polarização é a formação de áreas centrais criadas através da influência da população como actores primários que fazem uso dos serviços mais próximos e hierarquização que determina o nível de centralização em termos de escassez de serviços e a sua área de influência, estes conceitos levaram à organização territorial da cidade, embora actualmente estes estejam fragmentados devido ao crescimento desordenado, globalização e novas tecnologias de transporte e telecomunicações.

Para Richard Rogers, a cidade sustentável é contemplada através da cidade compacta, com mais de um centro urbano de forma racional e económica, conseguindo criar assentamentos humanos com uma maior qualidade de vida. Para alcançar a equidade entre actividades funcionais e serviços, está previsto combinar lazer e vida através de um planeamento do local onde o acesso e interacção dos diferentes meios de transporte é facilitado; bicicletas, transportes públicos e peões, prioridades sobre o automóvel, da mesma forma que os terrenos e edifícios abandonados que estão em desuso seriam utilizados para reorganizar e renovar as actividades predominantes do sector e/ou habitação.

Universidade dos Andes (2013), Sam Sullivan, ex-prefeito de Vancouver, um perito em planeamento urbano e mobilidade destaca as vantagens de construir cidades para cima, tornando-a uma cidade eficiente, competitiva, ambiental e economicamente sustentável que não apresenta o modelo norte-americano que apresenta a densidade de edifícios com pouca população dispersa nos subúrbios. Salienta que durante os últimos 15 anos os habitantes de Vancouver aprenderam a não utilizar os seus carros e onde 65% das viagens são feitas pelo seu próprio carro, apesar de serem cidadãos ricos. Porque preferem utilizar transportes públicos ou caminhar, uma vez que vivem perto das suas áreas de trabalho e áreas de serviços ou instalações públicas.

No caso de Bogotá, Colômbia, a cidade encontra-se numa forma espacial que contempla uma maior diversidade e densidade constituindo o princípio das organizações urbanas, onde os recursos urbanos são explorados através da interacção social entre os habitantes, tendo como obstáculo a descentralização da cidade, em que o habitante é obrigado a percorrer maiores distâncias para encontrar um espaço que satisfaça as suas necessidades. As indústrias que eram uma centralização consolidada com habitação mudaram-se para as periferias da nova centralização composta por estruturas residenciais.

Cidade acessível, com densidade adequada, usos mistos, proximidade a sistemas de transporte favorecendo o ambiente gerando melhor qualidade dos espaços de sociabilidade, beneficiando zonas rurais que controlarão a expansão e fragmentação territorial da cidade, indiferença do centro da cidade, migração da indústria e comércio para a periferia ou centros urbanos dispersos dentro das novas centralidades e suburbanização que geraram fragmentação urbana e problemas de segregação morfológica e social.

Sendo o espaço público um participante evolutivo das cidades, desde a sua fundação nas praças até à sua transformação com avenidas e locais de socialização dentro da cidade, seriam contemplados como tratamentos de renovação urbana que estimulam os processos de re-densificação e conservação dos usos garantindo a protecção do património cultural e incorporando estratégias de planeamento territorial e recuperação social das antigas zonas degradadas (como é o caso do Bairro La Capuchina, Bogotá), adquirindo os edifícios em desuso para realizar intervenções privadas (comércio, escritórios e habitação) de acordo com os problemas socioeconómicos do sector.

Para o modelo de planeamento estratégico, o foco inicial era a reactivação do plano económico do sector, que continuaria com projectos de renovação urbana e inovação no sector, complementando-o com áreas residenciais privadas em pontos nodais que se encontram em espaços urbanos desconectados, gerando uma vez mais a polarização social.

Quadros de referência

1.1. O PLAM LIMA e o CALLO 2.035, foi tomada como referência dentro do projecto urbano, para influenciar as estratégias e teorias de criação de uma cidade compacta que integra todas as funções económicas, sociais e funcionais dentro de uma cidade, mal planeada e dispersa para um futuro mais competitivo com melhores instalações e serviços, Estas estratégias são influenciadas por novas centralidades no Norte, Sul e Leste, novos pólos produtivos nas cidades de Ancon e Lurin, expansão do porto e futura cidade aeroportuária, renovação urbana de bairros populares, programa de habitação e reorganização territorial, sistema de mobilidade sustentável, no âmbito dos seguintes processos.

Crescimento e Desenvolvimento Urbano. Centrados basicamente na consolidação e densificação ordenada das actuais centralidades urbanas e na criação de quatro novos núcleos, que seriam pólos de desenvolvimento industrial e comercial, infelizmente, muitos espaços urbanos com usos industriais ou outros estão em estado de abandono ou servem como depósitos, os mesmos que foram identificados e serão reutilizados como projectos de renovação e regeneração urbana.

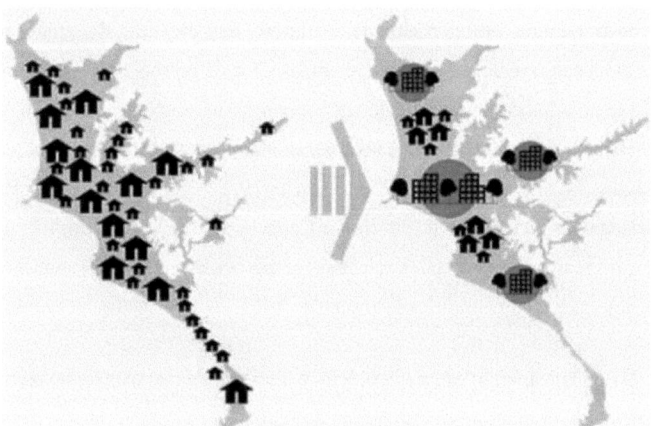

Ilustração 1: Visão da Cidade Compacta

Transporte e Mobilidade. O plano contempla a integração de todos os sistemas de transporte que estão em construção e/ou projectados na cidade, entre os quais se encontram o comboio pendular para carga e passageiros, as seis linhas do Metro de Lima, o Metropolitano e a sua extensão para Comas, os cinco corredores complementares de autocarros, os corredores de aproximação e as pistas para bicicletas, todos geridos por uma única autoridade de transporte para Lima e Callao. Por sua vez, estas formas de mobilidade estariam interligadas através de pontos intermodais.

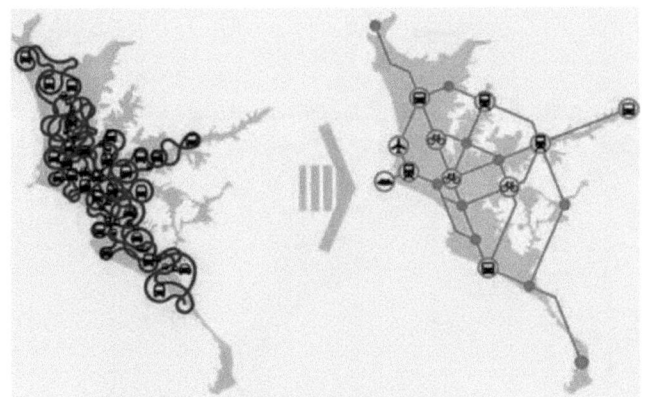

Ilustração 2: Visão da Mobilidade Urbana

Preservação e conservação do património construído. O plano identifica e gere as áreas catalogadas como zonas monumentais e sítios arqueológicos pré-hispânicos da cidade, especialmente o centro histórico de Lima; para este espaço urbano será proposto um novo Plano Director no qual serão definidas as directrizes para a sua gestão e conservação, e cujo objectivo será o de desenvolver uma renovação e revitalização de toda esta área. Para o caso dos espaços arqueológicos, serão concebidos novos Planos Directores para estas áreas que permitirão a implementação de projectos que activem, promovam e aumentem o seu potencial. (Blog, 2015)

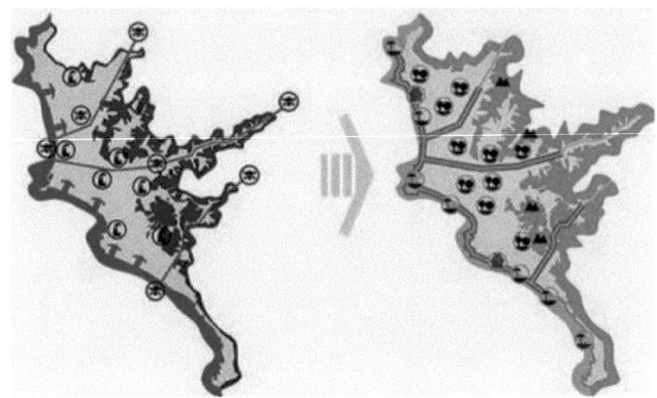

Ilustração 3: Visão Espaço Público e Ambiente

1.2. Ministérios do Projecto, pretende formar uma intervenção urbano-arquitectónica, capaz de salvar o conflito entre a individualidade dos novos edifícios e a identidade do lugar, este projecto dá e coloca problemas, estratégias semelhantes, para além de estar numa área tradicional próxima das expostas dentro do sector de intervenção.

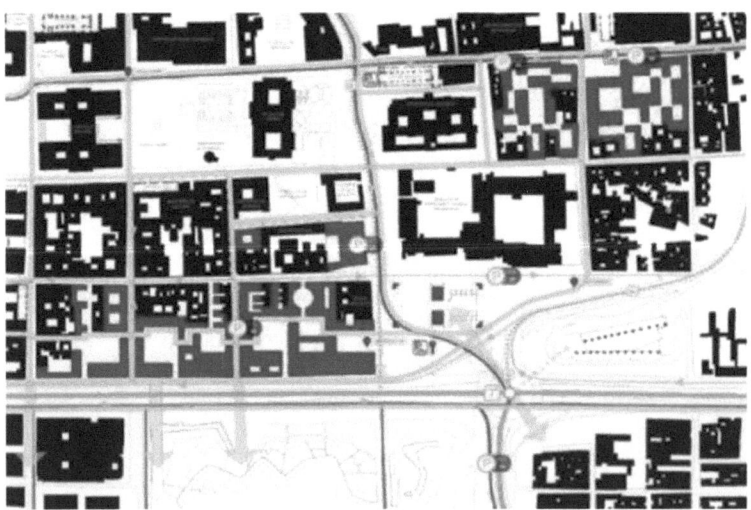

Ilustração 4: Localização.

Conformação do tecido urbano, delimitação do espaço urbano, valorização do princípio da homogeneidade e da redundância formal e hibridização.

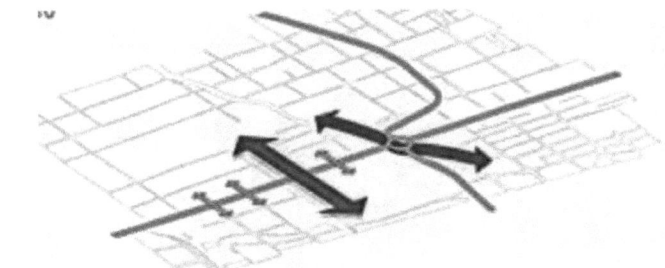

Ilustração 5: Kra de Circulação. 10.

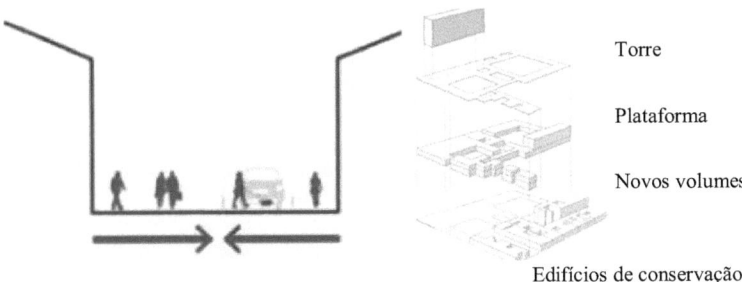

Torre

Plataforma

Novos volumes

Edifícios de conservação

Ilustração 6: Prioridade espacial

O projecto parte de uma premissa básica que é construir fazendo uso do que já está construído e que está em desuso, deterioração ou abandono, para o qual retomam as tipologias de Plataforma-Tower, Passagem Comercial e Pátio para fazer parte da classificação histórica do sector central e comercial do fragmento da cidade através da recuperação e criação de novos espaços de encontro e encontro tradicional do sector para promover a diversidade da população e das actividades do sector.

1.3. BOULEVARD AVENIDA BOLIVAR, MEDELLIN, propõe que de acordo com a sua localização estratégica e objectivo de implementação é muito semelhante à investigação actual, o projecto de renovação urbana de um eixo de mobilidade existente é o início da localização e das suas estratégias.

Ilustração 7: Localização

Ilustração 8: Implementação proposta

Como peça da infra-estrutura existente torna-se uma oportunidade para a geração de espaço público, projectando-o com o projecto do Rio Medellín e espaços abertos de importância no tecido urbano correspondente a praças e parques. A proposta de desenho urbano gira em torno de quatro (4) componentes urbanos. Blog (2.014)

26

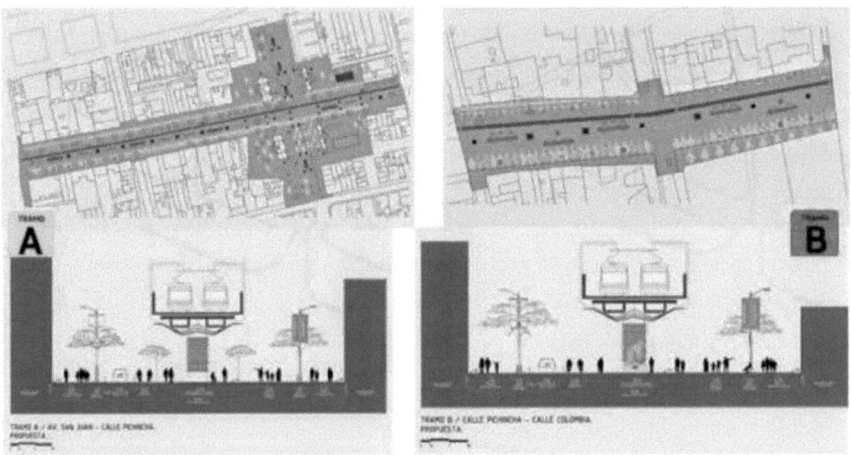

Ilustração 9: Espaço Público e Ambiente

Ilustração 10: Mobilidade

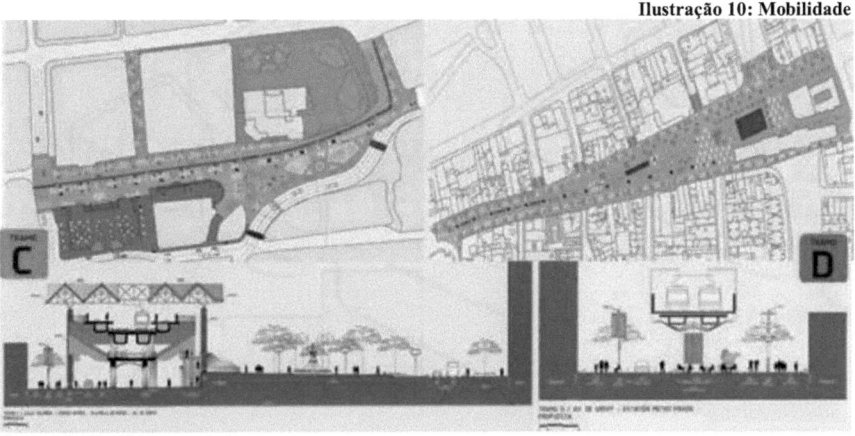

Ilustração 11: Cultura e Arte

Ilustração 12: Caracterização social

Dentro da relação existente do problema na área a ser intervencionada com a expressa pelo referente anterior, está contemplada a necessidade de projectar uma intervenção nos espaços abertos que gerem nós de oportunidade e melhoria urbana num eixo central da cidade que favoreça os serviços existentes no seu ambiente mais próximo.

Desenho Metodológico

Análise física espacial e sócio-económica

Para identificar o desenvolvimento urbano do bairro La Capuchina, foi feita uma visita ocular, onde foi possível identificar o pouco planeamento físico da área urbana, o elevado nível de ocupação existente e o baixo índice de espaço público resultante do desenvolvimento individual das propriedades e o zoneamento não equitativo da área de praças e áreas recreativas dentro do sector, gerando contaminação e abandono dentro do bairro La Capuchina.

Para o desenvolvimento do tecido urbano, melhoria do espaço público e do habitat, será tida em conta a recuperação de peças de elevado valor estratégico, preservando o solo e as características ambientais predominantes, hierarquizando o espaço público favorecendo a acessibilidade por transportes públicos.

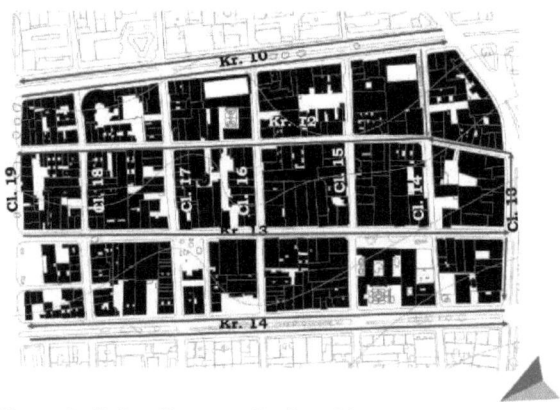

Ilustração 13. Densificação em La Capuchina.

Analisando os actores sociais e económicos, tornou-se evidente que devido ao crescimento desacelerado e desordenado da cidade existem vários problemas já mencionados. Entre as áreas problemáticas e acções no bairro de La Capuchina que se tornaram promotores de desordem estão as propriedades abandonadas que atraem os sem-abrigo, geram insegurança e perdas económicas para os proprietários dos edifícios, o uso descontrolado do pequeno espaço público e/ou rede de estradas promovendo o congestionamento e o descontentamento entre a população da cidade.

28

congestão e descontentamento entre a população da cidade.

Áreas de Intervenção
Construcciones
Áreas libres
Áreas verdes existentes
Predios Intervenidos
Invasión de Vendedores
Zonas de descargue
Prostitución
Venta de Estupefacientes
Zonas de desecho
Zonas de desecho

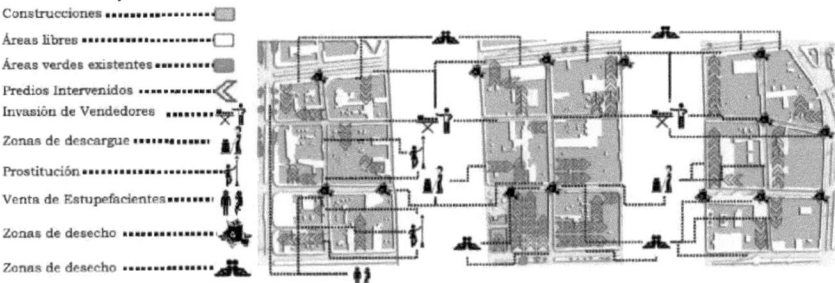

Ilustração 14. análise de áreas problemáticas.

Social	Venda de drogas, prostituição, deslocamento, falta de propriedade dos cidadãos.	Insegurança e desuso dos edifícios comerciais e residenciais
Ambiental	Abandono de resíduos sólidos, afixação de publicidade em áreas não destinadas a esta utilização, desflorestação de áreas verdes e eixos ambientais.	Poluição visual (paisagem urbana), poluição sonora.
Económico	Utilização mista de terrenos em áreas públicas e privadas.	Deterioração dos edifícios existentes, devido ao facto de os pavimentos serem utilizados como armazéns, colocando os edifícios em risco dada a capacidade de carga para a qual foram construídos.
Normativo	Alteração do uso do solo e implementação de áreas designadas pelo POT.	Concentra-se na prática urbana através da melhoria da esfera pública que propõe a reactivação dos espaços e equipamentos públicos como um bem colectivo e patrimonial da comunidade através do plano de desenvolvimento Human Bogotá que propõe a revitalização do centro expandido.

Técnico - tecnólogo	Deslocamento das principais actividades económicas e financeiras do centro para as novas centralidades do norte.	Reconstrução e recuperação de espaços e infra-estruturas que constituem um eixo fundamental para a incorporação de actividades privadas, públicas e residenciais.
Actores do problema: População flutuante e invasão do espaço.		l Transportes públicos e privados

Quadro 1: Árvore de problemas

Ao identificar os potenciais nós da área intervencionada, tais como centros legais, educativos, religiosos e de concentração do património, propõe-se uma adaptação organizada ao ambiente através da incorporação de passagens comerciais e/ou pequenas praças que os liguem e ofereçam uma vasta gama de serviços e acessibilidade funcional, suprindo as necessidades geradas no âmbito do projecto proposto, tendo como eixo estrutural e recuperação da Carrera 13 (antiga Alameda Vieja) através da reconfiguração do tecido urbano (Alamedas) do sistema de espaços e equipamentos públicos, onde as formas dos novos edifícios visam integrar o traçado urbano existente e não ser percebidos como estranhos e individuais, e necessitarão da sua ligação através da Calle 13; limite do Plano Parcial San Victorino e Calle 19 Plano Parcial San Martin e Alameda, evitando assim rupturas com o modelo urbano, continuidade do traçado favorecendo a melhoria do sistema da cidade.

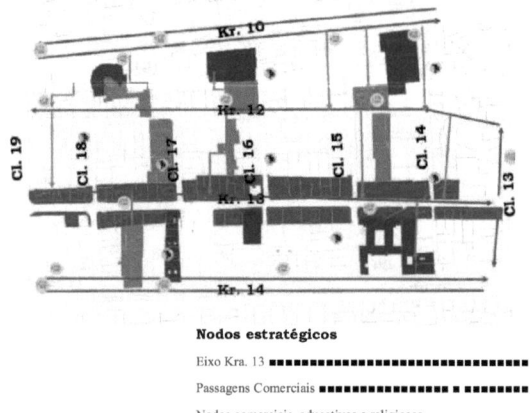

Nodos estratégicos

Eixo Kra. 13 ■■■■■■■■■■■■■■■■■■■■■■■■■■■■■■■■■■

Passagens Comerciais ■■■■■■■■■■■■■■ ■ ■■■■■■■■

Nodos comerciais, educativos e religiosos

Ilustração 15. nós de intervenção.

Inicialmente propõe-se que os espaços públicos e construídos tenham como objectivo a libertação do espaço urbano existente permitindo a incorporação de diversos serviços que se inter-relacionam entre si, sem modificação da morfologia do sector, sendo acessíveis ao utilizador e residente do sector, reconhecendo e valorizando sempre o património e o apoio cultural que permitiu relacionar as actividades de serviços existentes com as novas misturas de usos que se planeiam no âmbito do projecto e evitando conflitos entre os residentes, pois devem ser permitidos serviços dinâmicos a estas actividades.

O planeamento será centrado na priorização da utilização mais importante existente do sector complementado por serviços tais como áreas públicas e privadas, resolvendo ao mesmo tempo o acesso e circulação de peões e veículos, circulação para deficientes e sistemas de evacuação e emergência. Para a renovação da área, devem ser planeados serviços públicos para criar rotas através das principais ruas e passagens comerciais.

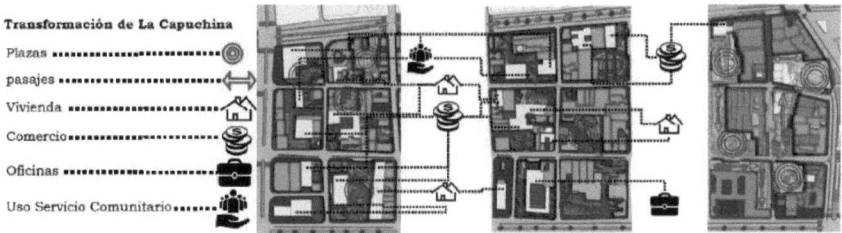

Ilustração 16. abordagem às estratégias.

Áreas de acção de desenvolvimento urbano

Para o desenvolvimento do Fragmento do Plano Parcial, foram propostas três (3) zonas de planeamento urbano, que procuram a intervenção urbana correcta em cada sector.

Estas peças não devem gerar barreiras físicas ou visuais entre transeuntes e residentes, criando espaços desabitados e inseguros, a integração das peças será através da sua estrutura urbana sem interrupções do sistema viário e funcional.

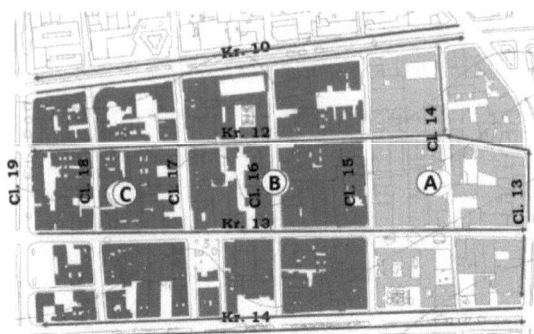
Ilustração 17: Peças urbanas de acção de desenvolvimento urbano.

A. Área de comércio: Através de um grande nó de passagens, as actividades económicas, educacionais e religiosas do sector serão reactivadas e melhoradas.

B. Área mista: Novo nó de Centro Comercial e reorganização de habitação dentro do terreno comercial a ser revitalizado.

C. Unificação das três instalações para fazer a recuperação total do sector através de Kra. 13 da Av. Jiménez (eixo ambiental) à Cll. 19, através da ligação rodoviária do Plan de San Victorino, Estación Central, Las Nieves e El Listón.

Mecanismos de Pagamento e Instrumentos de Restituição

De acordo com a Lei 388 de 1997 "Artigo 39. Unidades de Desenvolvimento Urbano". O POT pode determinar que as acções de urbanização e construção....constituída por uma ou mais propriedades, explicitamente definida nas regras que desenvolvem o plano de gestão a ser urbanizado ou construído como unidade de planeamento, a fim de promover a utilização racional do terreno, assegurar o cumprimento dos regulamentos de planeamento e facilitar o fornecimento pelos seus proprietários, infra-estruturas de transporte, serviços públicos e equipamentos públicos através de uma distribuição equitativa dos encargos e benefícios".

"O artigo 37 refere-se ao espaço público nas acções de desenvolvimento urbano e estabelece que as transferências gratuitas que os proprietários devem efectuar para as estradas locais, equipamentos públicos e espaço público em geral e indicará o regime de licenças e licenças a que devem submeter-se, bem como as sanções aplicáveis aos infractores, a fim de assegurar o cumprimento destas obrigações.....

O sistema de distribuição de encargos e beneficios será através da atribuição de edifícios em termos de encargos de desenvolvimento urbano e uso do solo, expropriação de terrenos no caso de não se chegar a um acordo com os proprietários.

Para o projecto deve ser feito como um negócio rentável e benéfico para todas as partes, onde as empresas locais e as empresas privadas estarão ligadas a futuros projectos já desenvolvidos enquanto o condicionamento da rede rodoviária e das redes de serviços públicos e privados sempre foram considerados um interesse urbano no planeamento do projecto, para o qual pretendem financiar uma percentagem através da venda em metro quadrado dos novos edifícios (comércio, escritórios e habitação) e a outra percentagem através do Distrito e entidades privadas envolvidas no seu planeamento, tais como empresas de trânsito de massa.

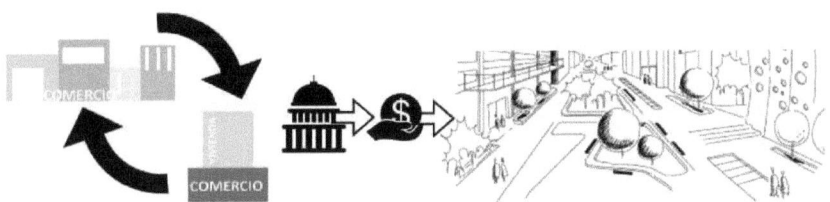

Ilustração 18. mecanismo de financiamento.

Estratégias de Intervenção

Estes baseiam-se nos princípios fundamentais do desenvolvimento territorial sustentável (cidade compacta), tendo sempre em conta a ligação com o actual contexto urbano e territorial como referência e abordagem.

O projecto terá como eixo estruturante o potencial vulnerável dos espaços do sector, neste sentido é possível planear a acessibilidade, função e comportamento de cada um dos locais intervenientes tendo como incidência a criação e implementação de edifícios

33

residenciais, de serviços e de assistência social, que terão de garantir a participação da população diminuindo ao mesmo tempo a exclusão social e a melhoria do desenvolvimento urbano.

1.1. densificação:

Constituído como um instrumento que aplicado a partir dos planos de uso do solo, pode gerar resultados apropriados ou esperados, uma vez que permitem uma melhor utilização do solo urbano, facilitando ao mesmo tempo a libertação de espaço orientado para o uso público da cidadania, isto significa que se pretende libertar espaço público.

Não é possível pensar no desenvolvimento da cidade através de construções isoladas, uma vez que cada acção numa determinada área gera uma reacção com o resto da cidade, para esse efeito propõe-se como estratégia a densificação através da incorporação de usos mistos e complementares modificando por sua vez as redes de transporte e infra-estruturas físicas através de uma ocupação em altura e geração de espaços livres levantados dentro de cada acção.

A regeneração e nova utilização de um tecido urbano deteriorado e abandonado visará a densificação como gerador de espaço público e ligação aos novos nós de transferência, a partir de uma área consolidada promovendo uma redução no uso de automóveis particulares através da redução das distâncias de viagem para serviços em novos edifícios.

Ilustração 19: Kra imaginário. 11 reacções de quadrados.

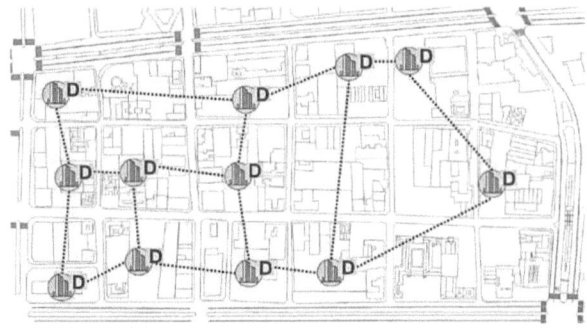

Ligação estratégica.

1.2. espaço público:

O espaço público constituído como uma peça na cidade actual referente aos espaços abertos de uso comum, materializado através da via pública (estradas, praças, parques, avenidas) delimitada a um espaço privado para permitir a livre passagem ao cidadão, estabelece-se como património cultural e instrumento de distribuição, coesão e formação social, recuperando, criando e/ou mantendo um espaço público em conjunto com o resgate do património construído, que está associado aos centros históricos compreendidos no interior dos territórios urbanos e arquitectónicos.

O apoio de uma estrutura urbana a partir do espaço e a reabilitação do património existente da Capuchina pública, visando o funcionamento e construção contínua de actividades e desenvolvimentos através da geração de novos corredores urbanos que ligam as peças de acção urbana, novas centralidades e outros pontos nodais adjacentes ao sector intervencionado, preservando e reabilitando o património existente da Capuchina pública, resolverá a reactivação da sua funcionalidade central, impulsionada pelo comércio e serviços tradicionais através de uma sequência visual do espaço público que gera um sentido de ordem.

Estas acções de recuperação e criação de espaços, incluem desde novas árvores, mobiliário, iluminação dentro das avenidas, praças ou pequenas praças, à criação de calçadas, ciclovias, áreas de transportes públicos e passagens que farão parte das novas soluções de gestão sustentável da acção funcional e formal da área de intervenção.

Pode-se concluir que este tipo de intervenção visará melhorar a qualidade do espaço

35

público através da preservação do património arquitectónico e cultural do sector, estimulando a diversidade de usos, que actuarão em favor da população residente e dos serviços existentes a eles ligados.

Ilustração 21: Kra imaginário. 13 Igreja La Capuchina.

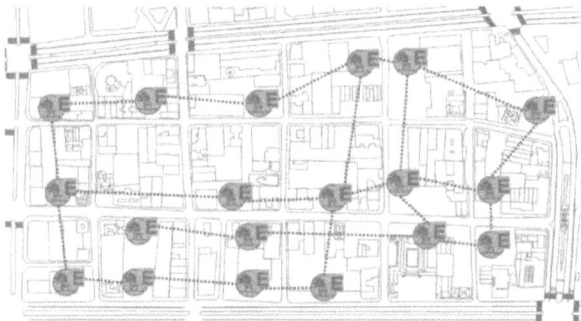

Ilustração 22. estratégias de ligação.

1.3. Centralidades e Mobilidade:

A centralidade urbana pode ser interpretada como um local de concentração de usos e funções, de onde o espaço é estruturado e ordena a sociedade, permitindo articular a cidade criando procura de serviços e usos para o prazer dos habitantes, enquanto que a mobilidade urbana é entendida como tudo o que está relacionado com a cidade, como para a deslocação diária dos cidadãos (transporte público ou privado) dentro e fora da cidade, sempre que afecta o crescimento urbano, a qualidade ambiental, o congestionamento veicular, entre outros. Os lugares centrais dão às cidades a sua identidade, são lugares por excelência da comunidade, espaços onde a cidade toma a sua máxima expressão.

As centralidades levantadas dentro de uma organização de espaços que integram o afluxo de pessoas ao longo do dia, a partir da construção de espaços que por sua vez têm maior interesse em criar transformação urbana, anexando assim o sistema de transportes para uma maior disponibilidade de oportunidades em espaços e recursos financeiros, complementando-os com as centralidades existentes.

Ao consolidar e desenvolver por centralidades as peças urbanas existentes e ligando-as à cidade através do sistema de transportes, os locais chave são enquadrados onde as necessidades das pessoas que utilizam estes serviços diariamente são resolvidas, visando reduzir a deslocação dos habitantes em toda a cidade em busca de equipamento e serviços básicos, infelizmente tal não ocorre no sector de intervenção.

Ilustração 23: Kra imaginário. 14

37

Ligação estratégica.

Proposta morfo-tipológica.

A proposta para os blocos de intervenção é contribuir para a continuidade do tecido urbano através do tecido urbano, propondo uma tipologia de plataforma com usos comerciais e de serviços, seguida de projectos de habitação em torre dentro de alguns blocos, de modo a ter uma densificação compacta, sem afectar a paisagem urbana do sector.

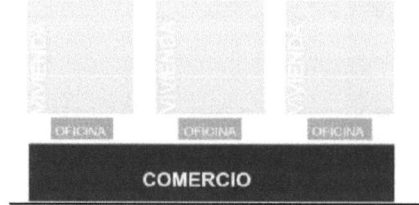

Ilustração 25. tipologia predominante

Ilustração 26. Isolamento em ruas e praças.

Proposta Ambiental.

Baseia-se na recuperação e usufruto da população, transformando os elementos ambientais em integradores da paisagem urbana, configurando e ordenando os espaços, através da criação de ambientes isolados, silenciosos e pontos focais de atracção visual que podem ser um importante benefício económico representando um aumento do valor da propriedade e do terreno, fornecendo serviços ou funções que podem ser apreciados pelo utilizador.

Critérios de Utilização Ambiental.

Ilustração 28. Tipos de Vegetação propostos.

Ilustração 29. Benefícios Ambientais.

O paisagismo deve ser concebido de modo a não reduzir o impacto visual na comunidade, a não criar armadilhas de insegurança ou agressão, permitindo a segurança dentro do sector,

Proposta de Mobilidade.

A colocação e distribuição de paragens de transporte público são concebidas em amplos espaços públicos que geram segurança no espaço público e onde a necessidade de aumentar o controlo nas vias públicas é evidente, bem como a complementação com os sistemas de transporte já planeados nos arredores do sector.

Para a segurança e libertação do sistema viário como um problema actualmente no

sector, são propostos sectores de estacionamento alinhados com as ruas menos congestionadas e largas do sector, evitando as ruas e muros altos que criam marginalidade no sector.

A rede viária e o planeamento dos espaços pedonais deve permitir um bom acesso aos serviços de emergência, de acordo com este projecto urbano é estabelecido para reestruturar a actual rede viária, a fim de implementar ciclovias e definição das áreas recuperadas para espaço público classificadas de acordo com o uso do solo de cada bloco (zonas pedonais, recreativas e verdes).

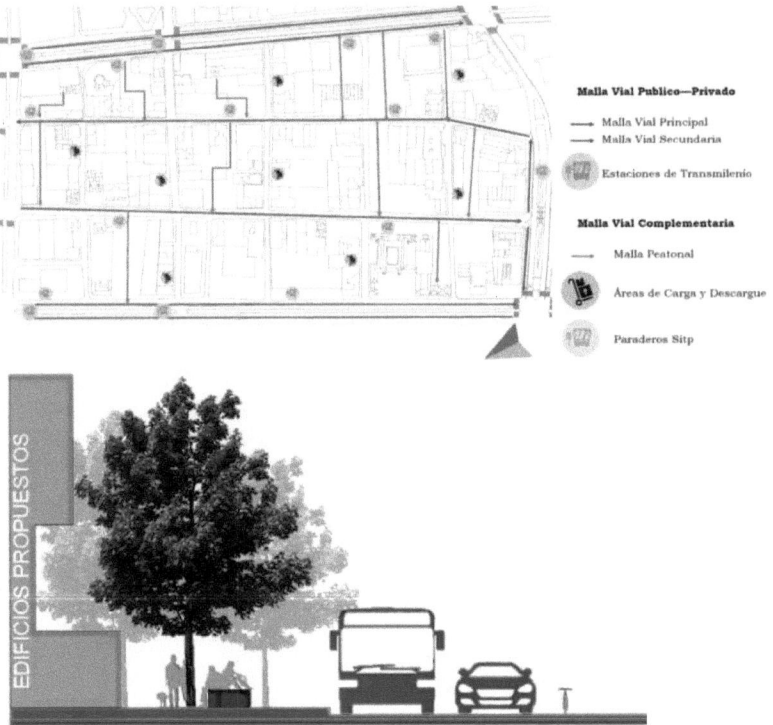

Ilustração 30, Proposta de Rede Rodoviária

Proposta de Espaço Público

O espaço público deve ser visível dos andares superiores dos edifícios e do acesso aos edifícios, uma boa iluminação ao longo do dia e da noite gera segurança para as pessoas que residem ou transitam pelo sector, por isso é importante reconhecer e localizar as diferentes luzes do espaço público e a sua distribuição de forma homogénea, bem como o planeamento de edifícios com usos mistos (habitação) que contribuem para uma boa iluminação do espaço público à noite.

Por este motivo, é importante reconhecer e localizar as diferentes luminárias nos espaços públicos e a sua distribuição homogénea, bem como o planeamento de edifícios com usos mistos (habitação) que contribuem para uma boa iluminação dos espaços públicos à noite.

Os espaços abertos devem inspirar um sentido de pertença nos utilizadores,

A definição do destino do espaço público não deve ser apenas estética, deve considerar o destino do espaço e interagir com as actividades que o rodeiam, onde os utilizadores podem participar.

Proposta de renovação urbana de um eixo de mobilidade existente, gerando uma peça de infra-estrutura que se torna uma oportunidade para a geração de espaço público.

Ilustração 31. áreas de repouso.

Ilustração 32: Fronteiras da Alameda.

Referências de Mobiliário

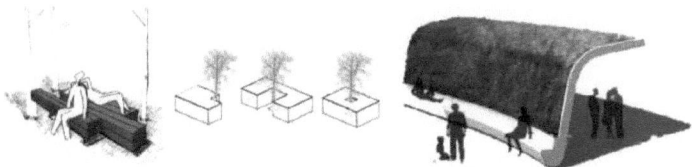

41

Resultados

O projecto destina-se à população activa e aos residentes do sector e de rendimento médio, o que visa alterar a actual estrutura sócio-económica permitindo a ligação funcional à cidade e criando oportunidades para a população permanecer no sector, desenvolvendo intervenções mais inclusivas que irão beneficiar a comunidade após a sua melhoria.

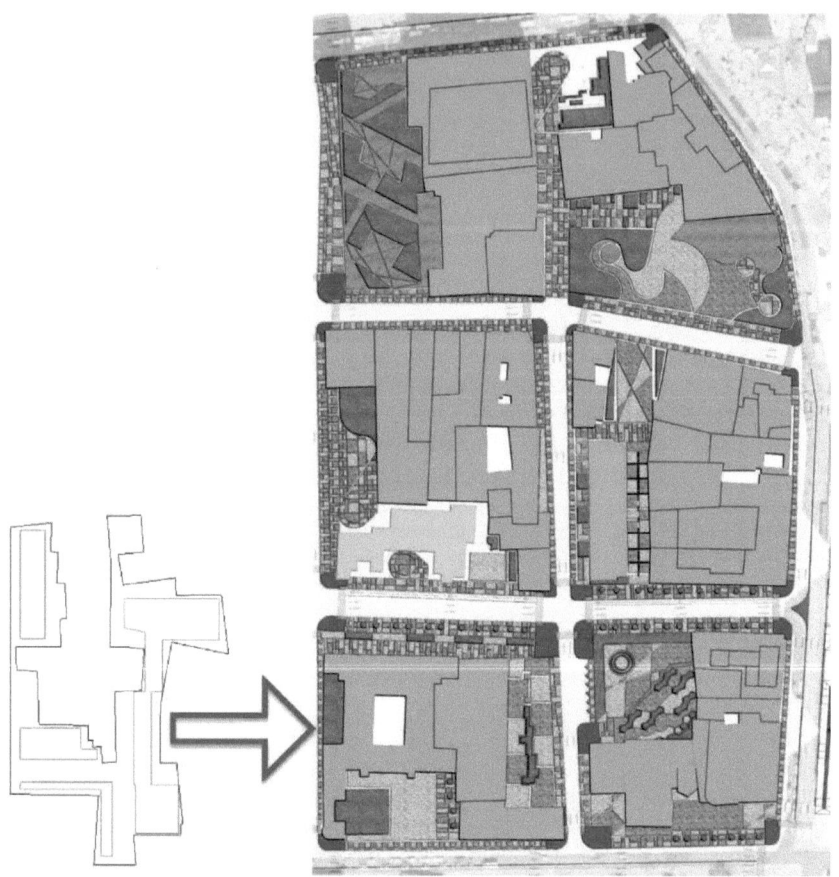

Ilustração 33. planeamento urbano, área de acção A.

42

Ilustração 34. área de acção A.

Ilustração 35: Planeamento urbano, área de acção B.

Ilustração 36. Área de Acção B.

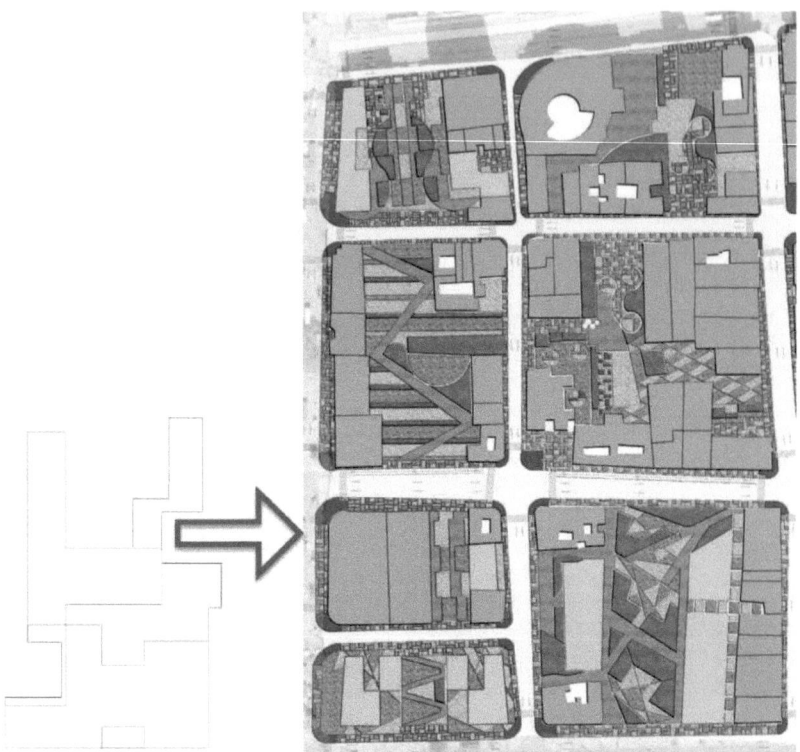

Ilustração 37. planeamento urbano, área de acção C.

Ilustração 38. Área de Acção C.

Referência Bibliográfica

- Cullen Gordon (1974). El paisaje Urbano: Tratado de estética urbanística, Editorial Blume, Barcelona, Espanha.

- Lynh Kevin (1984). A Imagem da Cidade. Editorial Gustavo Gili, S.A., Barcelona, Espanha.

- Livro Santafé Capital del Nuevo Reino de Granada, Carlos Martínez (1987), Editorial Presencia, Página 91.

- Bentley Alcock. (1999) Vital Environments, Towards a a more humane urban and architectural design.

- Montes, P. (2001). El ordenamiento territorial como opción e políticas urbanas y regionales en América Latina y el Caribe. Nações Unidas, Divisão Ambiente e Assentamento Humano, Santiago, Chile. Chile.

- Gabinete da Controladoria de Bogotá D.C. (2004), Estudo Sectorial "Prostituição como um problema social no Distrito da Capital".

- Barcenas, J. (2006). Guía Metodológica 2 - Elementos Poblacionales Para el Ordenamiento Territorial, 2ª Edição. Ministério do Ambiente, Habitação e Desenvolvimento Territorial, Direcção do Desenvolvimento Territorial. Bogotá. Colômbia.

  - Gabel Jan (2006). A humanização do espaço urbano. Editorial Reverte S.A, Barcelona, Espanha.

- Secretaria General de la Alcaldía Mayor de Bogotá (2.009), Diagnóstico de los aspectos físicos, demográficos y socioeconómicos de la Localidad Santa Fe.

- Gabinete do Presidente da Câmara Municipal de Bogotá. (2010). Diagnóstico Local com Participação Social 2009-2010. Bogotá. Colômbia.

- (2012), Informe Sectorial, Atención a población en situación de desplazamiento en el Distrito Capital.

- Cogua, M., Orjuela C. (2013). Dinâmica de construção por uso. Localidade de Santafé. Alcaldía Mayor de Bogotá, Bogotá. Colômbia.

- Universidad de los Andes (2.013) Sustainable Cities Conference,

htt:/revistacontacto.uniandes.edu.co/indez.php?option=com_content&view=article&id=1
13&Itemid=106&lang=en

- Gonzales, M. (2014). Estratégias de reactivação transitória de bens urbanos fora de uso. Gabinete de Prensa +y Comunicación de la Diputació de Barcelona. Barcelona. Espanha

- Blog Internet, (2.014), http://mtkestudio.blogspot.com.co/2014/04/propuesta-urbana-concurso-avenida.html

- Blog Internet, (2.015), http://composicionurbana.blogspot.com.co/2015/01/el-plam-lima-y- callao-2035.html

- Secretaria Distrital de la Alcaldía Mayor de Bogotá (2015), Estrategias de Planeación para el Distrito Capital y su Área de Entorno.

- Alcaldía Mayor de Bogotá, (2016), Anteproyecto del Plan de Desarrollo Bogotá 2016-2019.

- Massiris Cabeza, Ángel. (—). Determinantes dos Planos de Gestão Fundiária. Bogotá. Colômbia. Biblioteca Luis Ángel Arango, Biblioteca Virtual. Obtido em http://www.banrepcultural.org/

- Instituto de Estudos Urbanos, (-). Centro zonal do Plano de Bogotá. Documento de Apoio Técnico.

- Gabinete do Presidente da Câmara Municipal de Bogotá, IDU, (-). Documento de Síntese Secção III, primeira linha do metro de Bogotá.